ヨーロッパの素敵な家

フランス・スペイン・イタリア

和田久士

講談社

CONTENTS

FRANCE, SPAIN, ITALY

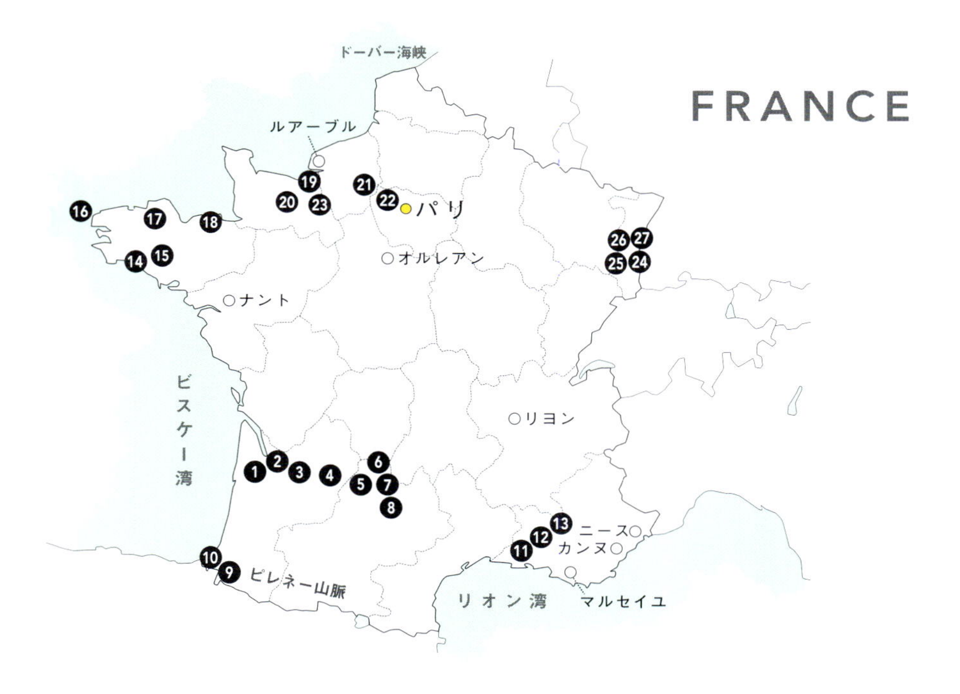
FRANCE
ドーバー海峡
ルアーブル
パリ
オルレアン
ナント
ビスケー湾
リヨン
ニース
カンヌ
マルセイユ
リオン湾
ピレネー山脈
1
2
3
4
5
6
7
8
9
10
11
12
13
14
15
16
17
18
19
20
21
22
23
24
25
26
27

CONTENTS

ビスケー湾
オビエド
サンセバスティアン
ピレネー山脈
セビリア
バルセロナ
ポルトガル
マドリード
バレンシア湾
トレド
カンヌ
SPAIN
コルドバ
セビリア
グラナダ
マラガ
カディス
ジブラルタル海峡

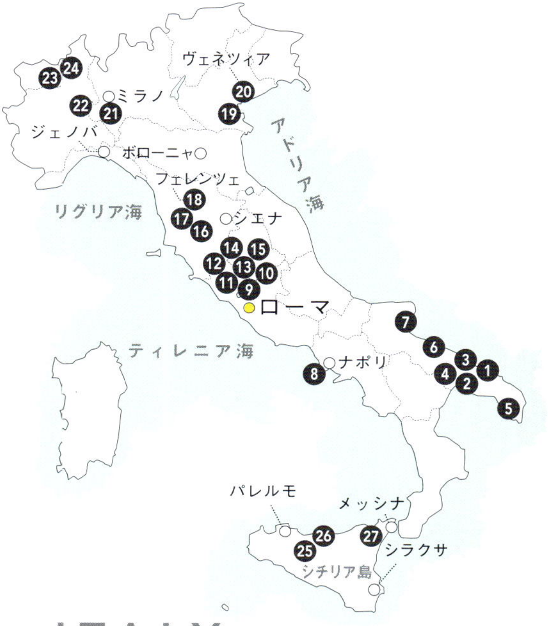

ヴェネツィア
ミラノ
ジェノバ
ボローニャ
アドリア海
フェレンツェ
リグリア海
シエナ
ローマ
ティレニア海
ナポリ
パレルモ
メッシナ
シラクサ
シチリア島
1
2
3
4
5
6
7
8
9
10
11
12
13
14
15
16
17
18
19
20
21
22
23
24
25
26
27

ITALY

フランス南西部

フランス人の心の故郷、ボルドー

フランスにブドウの苗木が持ち込まれたのは紀元前7世紀。古代ギリシア人がオリーブの種といっしょに持ち込んだとされ、ローマ軍の北上とともに広がった。ボルドーは国内有数のワイン産地として名高い。広大なブドウ畑がとぎれると詩的な集落が姿を現す。フランス人の心の故郷と呼ばれる田舎町である。写真はボルドーの東にあるサン・テミリオンのブドウ畑。

シャトー・ド・マル

プレニャック、ボルドー

貴腐ワインで有名なソーテルヌ地区で17世紀からワインづくりを手がけるシャトー。室内は壁画と組み合わせるイタリア式手法で入念に装飾されている。家具はルイ14世様式。

シャトー・ガザン

ポムロール

中世期の修道騎士団領の跡地に建つ大型の農園で、石灰質を多量に含む土質がブドウ栽培に適しているため17世紀からワインづくりを行っている。外観は中世風にデザインされているが、実際の建設年代は比較的新しい。

シャトー・ベレール

サン・テミリオン

17 世紀から続くサン・テミリオンの典型的なワイン・シャトー。石灰岩の岩盤を掘って造った洞窟をワインの貯蔵庫として利用している。洞窟の中は年間を通して 15 度以下に室温が保たれ、ワインの保存に適している。

メゾン・ド・パルランジュ

モンパジエ

モンパジエは百年戦争の舞台にもなった町で、中世の計画都市（バスティード）のひとつである。碁盤の目のように区画され、中央広場には1階を市場、2階を役場とする建物と周囲にアーケイドを設け、日常生活に密着した公共空間として大きな役割を果たしていた。

バスティードの住宅

パルランジュ邸は、町の中央広場を取り囲む街区にある。1軒の敷地は統一されていて、広場に面している1階は店や仕事場として、その奥は食堂として利用されていた。住居は2・3階部分で細長い部屋を仕切って使う。

メゾン・ド・スーレイル

ロカマドゥール

ロカマドゥールは巡礼地として発展した。邸は1142年に建造され、当時はシトー派の修道僧が暮らしたが、その後改築が進んで、17世紀以後は民間人が暮らし現在に至っている。

メゾン・ド・ウォーレン

ロカマドゥール

ウォーレン邸は17世紀に建てられた農家で、母屋の1階は食堂と居間、2階が寝室。隣接した鳩小屋は幅3m、高さ7mの直方体で、鳩が出入りするトラップがついている。玄関ホール（上右）の床にはフランスでは贅沢な玉砂利が敷き詰められている。

メゾン・ド・タイヤール

カレナック

タイヤール邸は16世紀の建物であるが、組積造でのコーナー窓はささやかな冒険である。上の外壁に小さな穴が見られる屋根裏は鳩小屋だった。屋根は棟木から急勾配で下り、途中で折れて軒先付近で緩やかな勾配に変わる、いわゆる「しころ屋根」の形式をとっている。

西洋の屋根裏部屋

鳩小屋部分の屋根裏部屋は「合掌（がっしょう）」と呼ばれる棟木を支える斜材をさらに水平のつなぎ梁で固定している。構造は一見複雑に見えるが合理的。内部の造作はほとんどがレッドオーク（樫）で造られていて、材は栗ほど堅くなく、比較的加工性が良いわりに耐久性も高い。

メゾン・ド・マルティニャック

ルーブルサック

しころ屋根が美しい村だが人口の減少が激しく1960年当時は誰も住んでいなかった。建築用に利用できる適当な材木が不足していた地域で、一部屋の広さは狭く天井も低い。

オートワールの民家

オートワール

「小さなヴェルサイユ」と称される美しい村。建物の隅塔はワイン生産で潤った人たちが城のような優雅さを演出したもの。石灰岩の大きな岩を３枚使った暖炉は、富の象徴でもある。

エスプレットの民家

エスプレット／エノア

エノアはスペインとの国境を守る砦の役割も果たしていた。住居は漆喰の塗り壁、大きな切妻屋根、1・2・3階と少しずつ張り出したファサード（正面玄関側の立面）が特徴。地域的にみて、スペイン側バスク地方の大屋根建物と似ている。

セラミックタイルの効用

ゆったりとした室内で、石組みの暖炉の仕上げにセラミックタイルが張ってある。これにはふたつの理由があり、ひとつはすす清掃の簡易さ、もうひとつは暖房効率を上げるためである。セラミックには熱を反射する性質があり、暖炉の火が発する熱を万遍なく室内に振り分けてくれるわけで、茶碗や湯呑みも原理的にはこれと同じである。

メゾン・ルイ 14 世

サン・ジャン・ド・リュズ

大西洋に面する漁港街。海運で財をなした名士の邸でルイ 14 世も滞在した。塔は港に出入りする船を監視する物見台。モスグリーン色で統一された「食堂の間」が美しい。

フランス南東部

ゴッホが愛したプロヴァンスの風土

暴れ馬と恐れられるミストラル（北風）に備えるため、建物は北向きに地面に根を張るように建っている。内陸側にはゴッホの愛したアルルをはじめ、ローマ時代の名残を色濃く残すプロヴァンスの都市が点在する。写真はアルル北東のレ・ボー・ド・プロヴァンスの城塞都市。領主は中世の南フランスで大きな勢力を誇っていたが、17世紀にルイ13世に滅ぼされてしまった。近年、往時の姿が復元されたが、観光用店舗があるだけで住人はいない。

牧童の小屋

若い牧童が暮らす伝統家屋。特徴は、茅葺き屋根と漆喰塗りの低い外壁、棟飾りの十字架など。裏側の丸みを帯びた形は、この地方独特の季節風「ミストラル」の風圧を和らげる工夫だ。室内は10畳ほどで、家具はベッドと小さな机だけ。

マス・ド・カシャレル
サント・マリー・ド・ラ・メール、カマルグ

この地の牧畜やニーム産のデニムがアメリカに伝わりカウボーイやジーンズとなった。カシャレル邸は牧童を率いる牧場主の住居。「マス」はこの地の伝統的建築様式の農家や別荘を意味する。海底から採取した石灰岩を積み上げ、仕上げに漆喰を塗っている。

マス・ド・ジャルダン
サン・レミ・ド・プロヴァンス

17 世紀に建てられたジャルダン邸は、建物の中央に住居を置き、必要ならば両サイドに家畜小屋や倉庫を継ぎ足していくスタイルになっている。住居部分は台所と食堂、寝室の二部屋に分かれている。この地にはサド侯爵の館やゴッホが入院していた病院、ノストラダムスの生家などがある。

マス・ド・ラ・ピラミッド

サン・レミ・ド・プロヴァンス

ピラミッド邸は、9世紀頃から採掘が始まった石切り場の跡地を利用している。残った岩盤を建物の外壁や室内の壁に使い、迷路のような空間が造られた。岩盤に開けられた四角い穴が入口で、部屋も廊下も岩をくり抜いたもの。ピラミッドの名は石のイメージからで、形からではない。

ゴルドの町並み

ゴルド

石灰岩質の山の斜面に建つ要塞都市で、頂上には城があり、「天空の城ラピュタ」のモデルのひとつといわれる。ここで採れる平らで小ぶりな石を積み上げた建物は「ボリー」と呼ばれる。石と石をつなぐ練り土などは用いず、石だけで積み上げるのが特徴。このためにゴルドは「乾いた石の町」と呼ばれる。

フランス北西部

ブルターニュの風はケルト文化の香り

イギリス海峡に突き出したブルターニュ半島。ブルトン語で海岸線はアルモール(海の国)、内陸部はアルゴアト(森の国)。今もケルト文化が色濃く残る。1532年、フランス王国に取り込まれたが、独自の文化は消えることなく受け継がれている。名産の海の幸は、オマールエビと天然のカキで、これらを包んで食べるクレープは格別。写真はブルターニュ地方ル・コンケの集落。

L'ASTROLABE

ケラスコエの茅葺き民家

ケラスコエ

ケラとは、ブルトン語で「村」を意味する。民家は５軒の棟続きの長屋形式で、外には共同の井戸とパン焼き器が置かれている。風が強く降水量も多い地方なので、外壁は石を積み上げて隙間を漆喰で丁寧に埋め込んでいる。

リエック・シュル・ベロンの茅葺き民家

リエック・シュル・ベロン

町はずれの民家は、牛小屋だったものを改造しておばあさんの隠居所として使われている。外壁は石を積み上げ、表面に消石灰（石灰を焼いて水を加えたもの）を塗っている。屋根葺き材には麦わらを利用。窓に沿って庇が突き出して雨除けの役割を果たしている。

2

ウェッサン島のエコミュゼ

ウェッサン島

住居は南向きで左右に部屋が振り分けられ、東側が生活の場で西側が祈りの場にされている。島は潮の流れのきつい難所として知られ、家具は難破船の廃材を利用したものが多い。

シャトー・ド・ロザンボ

ランヴェレック

ブルターニュ最大の領主だったコスケール王の末裔が所有するシャトー。フランスでは領主の館を「マノワール」と呼ぶが、力のある領主が富を蓄えて建物を増築していくうちにシャトーへと発展した。

バロック様式の家具

折衷的な室内装飾やキッチュな祭壇に比べ、家具は比較的落ち着いたバロック中期のデザインが多い。バロックとは「歪んだ真珠」を意味し、端正なルネサンス芸術に対して、湾曲した輪郭線や流動的なリズム感、豪華絢爛たる絵画的印象を重んじる。

シャトー・デュ・ボー

サン・マロ

港町サン・マロの南に建てられた邸宅。高い煙突が特徴の外観は、教会建築の流れを強く受けて控えめだが、内部は豪華。調度品や内装材は洋の東西を問わず収集され、石材はイタリアンマーブル、造作材は西インド諸島のオーク、家具材も同じく西インド諸島の高級材。

フランス北部

ゆったりと時が流れるノルマンディー

ノルマンディーとは9世紀に侵攻してきたヴァイキング、すなわちノルマン人にちなむ。1066年にはノルマンディー公ギョームが、ここから出兵してイギリスを征服したが、逆に百年戦争ではイギリス軍の侵攻を受け、第二次世界大戦では上陸作戦の舞台となった。今はそんな歴史が嘘のようにゆったりとした時間が流れる。パリから列車で2時間、ブルジョアたちが集う社交場に姿を変えた。写真はオンフルール近郊に広がる牧場風景。

オンフルールの町並みと周辺のマノワール

オンフルール

セーヌ川河口にあるオンフルールは、15世紀頃、軍港として栄えた。建物の外壁は雨水の浸食を防ぐためスレートで覆われ、その町並みはさまざまな表情を見せる。若きモネ、ブーダンたちが好んでカンバスを立てた、印象派の町でもある。

マノワールとは

マノワーノは中世・近世の荘園領主の館。建築形式はシャトーのように要塞化はされておらず、また都市部の貴族邸館（オテル）と異なり、田園地帯に建てられたものをいう。そうした背景をもとにして、似通った造りでもマノワールと一般の民家とは区別される。

マノワール・デュ・シャン・ヴェルサン

太い柱と柱の間に細い間柱が9本組み込まれた構造の1560年建築のマノワール。強い日差しで傷んだ建物の側面が石積みに変わっているが、レンガとの組み合わせ模様は構造上の問題というよりも装飾的意味合いが強い。その時代ごとに流行した工法を使って増築することで、最先端の建物として存在することができた。

暖炉の前でミニ裁判

この建物の領主は、地域の紛争を調停する裁判官のような役割も果たしていた。地域の金銭関係のトラブルを収めたとされている。大きな暖炉の前のテーブルを挟んで、原告と被告が着席し、ミニ裁判が開かれたという。

オンフルールの茅葺き民家

セーヌ川河口のオンフルールは、15世紀頃には防衛用の重要な港として知られていた。この港から10㎞ほど郊外に出ると、茅葺きの民家が数多く残っている。棟続きの屋根には草が生えているのが見える。屋根を雨水の浸透から守るために植えられたものだ。

マノワール・ド・ケルヴィル

16 世紀のマノワール。1 階部分は石とレンガを組み合わせた組積造の基壇状で、その上に木造のハーフティンバーをのせた贅沢な造り。太い柱と柱の間に何本もはめ込まれた間柱は、構造場不可欠のものではない。当時、過剰な間柱は富の象徴とされた。

マノワール・ド・クープサルト

隅塔の円錐形屋根の上に見られる陶器の飾りは、重しの役割を果たしている。外壁のレンガは補強材ではなく装飾の意味合いが強い。当時流行したデザインだが、壁面に亀裂を入れるのと同じ影響があり、隙間風が入るので 30 年ほどで廃れてしまった。

シャトー・ド・ヴァンドゥーヴル

ヴァンドゥーヴル

新古典主義理論で知られるブロンデルが設計したヴァンドゥーヴル侯の夏の別荘。外観は北イタリア・ルネサンスの古典的モチーフを採用、かつ中央の外階段が中世的イメージを与える。庭園はバロック式構成を取りながら、グロッタ（洞窟）やピラミッド型氷室など、自然風景庭園の要素を散りばめている。

こだわりの室内装飾

端正な外観に比べて内部の装飾は過剰気味。室内装飾品の多くは商人の献上品で、シャンデリアと金魚鉢が一体になった「アクアリウム・シャンデリア」と呼ばれる珍しい調度品もある。世界で3個しかない珍品で、ろうそくの光の影に反応して、水槽の金魚が優雅に泳ぐ。

メゾン・ド・クロード・モネ

ジヴェルニー

画家クロード・モネは1883年にこの地に移り住み、この世を去るまでの43年間暮らした。建物の外観はイギリス、スペインの植民地で多く建てられたコロニアル・スタイル。庭の睡蓮池は、園芸マニアだったモネ自身が指示した人工池である。

色分けされた部屋

室内は１階がアトリエと書斎、食堂、台所、２階に寝室がある。晩年白内障を患ったモネは、室内をそれぞれ黄色や水色を基調にした色分けすることで識別した。室内にはコレクションの浮世絵が展示されている。

マノワール・ドビジョン

リジュー

16 世紀に建てられたハーフティンバー式の家。切妻側の側面が「下見板張り」なのは、強い日差しによる柱や梁の傷みを避けるため。内部の床梁に充分に乾燥していない木材を使用していて、床が波打っているが、木材の弾力性により建物の強度を高めている。

テメリクールの民家

テメリクール

家畜小屋だった建物を改装した民家。屋根裏を露出して梁を見せ、壁の石組みをそのまま残す。質素な仕上げだが、室内の雰囲気からうかがえるとおり貧しい家庭ではない。平日は都心部に住み、こうした家を週末住宅として利用して日頃の疲れを癒す。こうした都市近郊地から通勤する人もいる。

フランス北東部

歴史に翻弄されたアルザス

ドイツと国境を接するアルザス地方は、いく度となく戦乱に巻き込まれ、国境がめまぐるしく変わった地域である。このためにこの地の人々は「アルザス人」という独自性を主張する。アルザスワインはその誇りを示すもので、集落以外の土地はすべてブドウ畑。写真はアルザス地方カッツェンタールの町並み。

コルマールの町並み

コルマール

ハーフティンバーの家が建ち並んで、伝統的な町並みが残る界隈は、かつて魚市場があった河岸など細い運河が張り巡らされ、その美しさから「アルザスの真珠」と呼ばれる。小船から美しく見えるように、屋根勾配や町並みが設計されている。

HOTEL
Romantik Hotel
Restaurant

Auberge
du
mpart

エギスハイムの町並み

エギスハイム

アルザス地方で最初にワイン作りを始めた村として有名。ここの建物は管柱構造を用いている。理由は木材の運搬や建て方が容易なことと15世紀以降に長い木材が不足したからで、利点は各階ごとで柱が切れることと2階以上の床梁を道路上に持ち出して敷地面積以上の建物を造れること。

メゾン・ド・ピエール・カンプ

カイゼルスベルグ

屋根の妻側を台形状に切り上げる形式は、日本では「兜造り」や「袴腰」と呼ばれる。屋根裏を部屋として利用する場合に外壁や棟木の傷みを防ぎ、また採光・通風を確保するのに都合がよい。

18 世紀のストーブ

ストーブの煙は外に出して洗濯物の乾燥や燻製作りに利用する。壁の棚のデザインはブドウの木と実をあしらったもの。建物の外壁は石材・レンガ・土などで充填して漆喰で仕上げたハーフティンバー様式。

リックヴィールの町並み

リックヴィール

小さな町だが、ここで生産されるトカイワインは有名。「アルザスの真珠」と称えられる15～17世紀の町並みは戦災の被害を免れ、中世・ルネサンス期の建物がそのまま残っている。左の建物はルネサンス後期に当地で流行した出窓の顔面装飾が楽しい。

天井に円形の花模様

室内装飾としてのピラスター（壁面から幾分突き出した付柱）もこの時代の特徴である。天井部分に施された花模様のように、円形を基調としたデザインは、ルネサンス期までであり、このあとバロック期に入ると楕円形へと変化していく。

スペイン北東部

大航海時代の遺産からガウディまで

紀元前3世紀からローマ帝国の支配が700年続き、その後ゲルマン人の侵攻、イスラム化と続く国の歴史は11世紀の初頭、キリスト教徒による「レコンキスタ」により終焉。バルセロナとその周辺は大航海時代の主役となり、太陽の沈まぬ帝国を築いた。成功した商人たちが競って建てた館が散在する。写真はピレネー山脈に近いアラン渓谷のウーニャ村。

カサ・ブラステット

ウーニャ

ピレネー山脈の北側斜面「スペインのスイス」と呼ばれる谷に 30 軒の民家が建ち並ぶ。花崗岩を積んだ外壁にスレート葺きの屋根のブラステット邸。村はずれに建ち、侵入者を見張る役割も担っていた。

中世の家具や調度品

上左の部屋は２階の寝室横にある小部屋で、家族が集い、読書や語らいの場であった。木製のスプーンやフォークは16世紀のもの。大晦日に中世の暮らしを再現するパーティーで使われる。右は屋根裏部屋。

カサ・ソラ・モラレス

オロット

裕福なモラレス家はイタリア人建築家に頼み贅を尽くした。装飾はスペインの伝統が感じられる。1781 年の建築後何度か改修され、外壁のアール・ヌーヴォーは 1913 年に加えられた。上左はプライベートチャペル。

カサ・コルタータ

ヴィック

ヴィックにはバルセロナ商人の豪邸が多い。コルタータ邸は18世紀後半に建てられた。部屋は大航海時代の名残の東洋思想の影響を受け、色使いが斬新なためカタルーニャ地方で一番美しい家といわれたこともある。

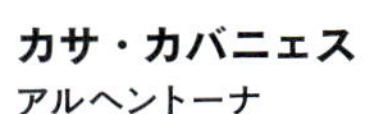

カサ・カバニェス

アルヘントーナ

町は地中海に面し、15世紀頃にフランスやイタリアに西アフリカの金を売った「黄金貿易」で財を成した商人の屋敷が残っている。15世紀に建てられた豪商のカバニェス邸は、3階建ての建物の中に30畳を超える食堂（上）と6部屋の寝室、居間、台所があり国王カルロス1世が泊まった記録が残っている。

室内の調度・美術品と暖炉

階段上に置かれた食器棚は「ティネル」と呼ばれ、飾り棚に値打ちものの食器が並ぶ（下）。室内には美術品が飾られている（上）。かつて調理に使われた暖炉は、幅４m、高さ２mの特大で上には水差しや壺が並べられている。

カサ・ミラ

バルセロナ

19 世紀末にアントニオ・ガウディにより完成した建築史上の記念碑的プロジェクト。ペドロ・ミラの依頼によって、通りの角に 1906 年から 09 年にかけて建設された。建物の外観は一見すると奇抜だが、侵食された断崖のイメージを表わしたものと考えられる。

奇妙な屋上

波打つ建物の正面は、その形から石切場（ペドレラ）と呼ばれる。十字架のついた奇妙な塔のようなものは出入口で、破砕タイルや大理石の小さな断片で覆われている。立ち並ぶ煙突は、十字架を守る兜をかぶった兵士のように見える。

波立つ天井

内部は負荷壁がなく間取りは自由に変更できる。化粧漆喰の天井は小波の立つ水面のように曲がりくねり、いくつかの部屋には文字や記号や絵が描かれている。左は天井にあるガウディのサイン。下は正面出入口の鉄扉。

カサ・ビセンス

バルセロナ

ガウディが最初に手がけた住宅建築。施主が化粧タイル製造業者であることからタイルが多用されている。上の喫煙室の天井はイスラム建築特有の鍾乳石飾りが施されて、洞窟のよう。左の食堂の梁の間は石膏製の果実で埋め尽くされ、壁面は植物装飾で覆われて自然の雰囲気をかもし出す。

パラシオ・グエル

バルセロナ

ガウディの生涯のパトロン、エウセビオ・グエルのため1886年に設計。吹き抜けの中央大広間は二重の丸屋根で覆われ、内側には光を取り込む穴が、外側には円錐形をした多数の採光用窓が開けられていて、見上げると星空のようだ。世界文化遺産に登録。

多用されるアーチ形

正面入口は馬車用も含めて２ヶ所造られ、それぞれがガウディ特有の放物線アーチの形をしている。鉄製の扉の間にカタルーニャの旗から想を得た鉄製の装飾が施されている。右は椅子と机と鏡、照明が一体となったセット。

カサ・バトリョ

バルセロナ

メインストリートに面した建物の全面改修を頼まれて1906年に作られた。正面の1・2階部分は砂岩で造られ、その上部はかすかに波打ち、表面にはさまざまな色のセラミックタイル片やガラス片が埋め込まれている。通りから眺めるとまるで波打ち際にいるかのようだ。塔の先には糸杉の実を模した四本腕の十字架がついている。

海から天空へと向かう視線

2階メインフロアの扉上部のガラスの渦巻き装飾や天井の渦巻き状のレリーフは、海のイメージを強調している。同じ通りにあるカサ・ミラと呼応し、都市をカンバスにして海の絵を描いているようだ。

スペイン北部・北西部

ピレネーの麓、聖地へ続く巡礼の道

フランス国境近くには、険しい山間のわずかな平地に牧畜で生計を立てるバスク人が暮らす。カンタブリア州には、イスラムの侵攻から逃れた貴族たちが居を構えた。西端のガリシア地方では、スペインで最も頑固で屈強な男たちが漁業で生計を立てている。彼らに共通するのは、カトリックの精神と素朴で暖かい心。写真は石造の家が点在するバスク地方アバディアーノ。

サンティリャーナ・デル・マールの町並み

サンティリャーナ・デル・マール

町には聖人ゆかりの修道院があって巡礼者が参拝に訪れる。参道の入口付近に建ち並ぶ館は、12 世紀にレコンキスタの戦乱から逃れ移り住んだ貴族のもの。すり減った石畳の通りと家並みが長い歴史を物語る。富裕層の住まいはすべて石造りであったが、庶民の住まいは1階を石造、2、3 階を木造にしているケースが多い。

カサ・デ・ラ・ヴィーヤ

サンティリャーナ・デル・マール

15世紀に建てられた貴族屋敷。3階建ての構造になっていて、巡礼者を無料で泊めたこともあった。1階は馬小屋や馬車の収納、2階は主人の部屋、3階を台所と使用人の部屋として使っていた。入口には大きな門があり、くぐると石畳の空間があって、馬車に乗ったまま屋敷に入ることができた。

太陽の恵みを受けるバルコニー「ソラーナ」

中庭に面したバルコニーは「ソラーナ」と呼ばれ、陽光が差し込んでくる場所。さしずめサンルームのように考えられていた。

差し込む陽光とマッチする室内

椅子類はスペイン・ロココ様式、テーブルはスペイン・バロック様式。室内を統一する温かな色調が陽光とほどよくマッチしている。

カッシエロ・ムリエルタ
アバディアーノ

フランス国境に近い山岳地帯の谷間の村で、バスク人が農作業に精を出している。この地域の建物は間口が20 m近くある大屋根の3階建てが特徴。1階は羊や牛の家畜小屋、2階は南側を住居とし北側は穀物の乾燥室に、3階は穀物倉庫になっている。

M-4017-CU

ロサ・ゴメス・カラマ邸

ラ・アルベルカ

建物の特徴は石の文化と木の文化が融合していること。17、18 世紀のハーフティンバースタイルで、そのルーツはフランス北部のノルマンディー地方にある。雨の多い土地柄で床には栗材が湿気に強いことから選ばれた。

カラタニャゾールの町並みと民家

カラタニャゾール

メセタと呼ばれる台地がさらに隆起した馬の背の地に村はある。通りの建物は道側の２階部分がわずかに張り出し、その下を「ポルチェ」というアーケードにしているのが特徴。部屋はパン焼き釜の余熱で室内を暖める工夫がしてある。

スペイン南部

交感する文化、パティオのある町角

イスラム支配の影響がそのまま残るアンダルシア地方。グラナダのアルハンブラ宮殿やコルドバのメスキータ、庶民の暮らしに欠かせないパティオの空間など、イスラムから失地を回復したあとも、こうした文化をそのまま利用してしまうしたたかさがあった。写真は外壁が白く塗られた家が密集するカサレスの町並み。

カサレスの民家

カサレス

丘の斜面に建てられた住居は、岩盤をくり抜いて造られている。紀元前と変わりのない工法がそのまま活かされたものだ。エスパニョール広場には一日中、人の姿が絶えることはない。よそ者もすぐに受け入れてくれる。

RESTAURANTE
BAR
LA BODEGUITA DE EN MEDIO
BAR
RESTAURANTE
KIOSCO
Frigo
CALZADOS

コルドバのパティオ

コルドバ

パティオはアラブ人が集合住宅の中庭として考案したもので、のちに個人での区画所有が発展した。コルドバでは壁面を草花の鉢で飾り、日々の手入れにいそしむ庶民的な習慣が定着し、毎年５月にコンクールが開かれる。

パラシオ・デ・ラ・マルクエサ
オスナ

町は16世紀半ばにスペイン最大の貴族オスナ公爵によって統治された。まっすぐな通りはローマ時代の名残がある。邸の門をくぐると外観からは想像もつかない広い空間が広がる。

川石を敷き詰めたパティオ

幾何学模様に川石を敷いたパティオは部屋として扱われ、来客はまずここに通すのが礼儀とされる。パティオを囲む1階は、白い壁と黒の格子状の木組みの対比が美しい。

グアディクスの洞窟住居

グアディクス

シェラネバダ山脈を望む丘陵地帯に「ラス・クエバス」と呼ばれる洞窟住居がある。グアディクスには970軒が現存し、日常の暮らしが営まれている。粘土質の土地は雨水の浸食や落盤の心配がなく、室温は年間を通して18度くらいに保たれている。

自由自在な部屋づくり

石灰で塗った壁面が建物の入口を示す目印にもなっている。まず玄関に当たる小さな部屋を掘り、その奥に台所と居間、さらに寝室という順番で掘り進む。家族構成が変われば、必要に応じて部屋数をふやせばよい。

図面がないのが最大の難点

ここでは隣家との境目がわからない。断面図があれば、アリの巣のような構造になっているだろう。間違って隣家の壁をぶち抜いた場合は先住者が優先。穴を空けたほうが一杯おごって穴を埋めれば話はついたという。

アルコス・デ・ラ・フロンテラの城塞都市

アルコス・デ・ラ・フロンテラ

険しい台地に張りつくように広がった町。頂上の城塞に囲まれた地区はアラブの影響が色濃く残っている。写真の住まいは身分の高い人のパラシオ（大邸宅）だったが、今は分割し庶民の住まいにしている。建物の入口にはパティオがあり、共用の広場として利用されている。

イタリア南部

戦火が運んできた異文化

アドリア海に面した丘陵地にできたオストゥーニ、円形の都市ロコロトンド、三角屋根の石積み住居「トゥルッリ」が建ち並ぶアルベロベッロなど、町の姿は変化に富む。温暖な気候と豊かな土地を巡って侵攻が繰り返された結果、異民族の文化が融合し、特異な変化を生み出した。写真は城塞都市オストゥーニの全景。

オストゥーニの街路と民家

オストゥーニ

覇権争いの舞台となった町は、少しずつ要塞化され、町全体が巨大な建築物に見える。街路は狭い路地とトンネル、階段が迷路のよう。写真の民家は18世紀に建てられた。室内には複雑な形のヴォールト天井が架かる。

ロコロトンドの町並み

ロコロトンド

「円形の場所」の意味で、城壁の代わりに建物で外周を囲った。花崗岩を積み上げた傾斜のきつい切妻屋根は雨水を集める役割を果たし、屋根の溝から室内の貯水槽へと導いている。町の中心部にはおもに商人が住んだ。

バロック様式の貴族の館

モレッリ家はシチリアから渡ってきた貴族で、18 世紀にバロック後期建築のこの家を建てた。バルコニーは、当時のものとしては曲線がエレガントで素晴らしい。室内の暖炉は、イタリア南部では珍しく頑丈なつくり。

シンプルで魅力的な空間

写真の部屋には中庭にある外階段で出入りする。昔は室内を間仕切りしなかったが、今は建築時に居間、寝室を区別するようになった。寝室に使われている部屋はヴォールト天井も壁も白く塗られ、シンプルで魅力的。

55

アルベロベッロの町並み

アルベロベッロ

トゥルッリと呼ばれる円錐形の石屋根住居。石灰岩を土台、壁、屋根に使用し、モルタルを使わない工法は「乾いた石の芸術」と呼ばれる。室内はとんがり屋根の真下にあたる部分が居間で、屋根の傾斜が緩やかな部分が寝室になっている場合が多い。外壁が厚く窓が小さいので、夏は外の暑さを冬は寒い外気を遮断する。

マテーラの全景
マテーラ

グラヴィーナ峡谷を見下ろす断崖に、古代から現代までの住宅が4層にわかれている。一番下は新石器時代の天然の洞窟を利用。次は古代ギリシア時代で、岩肌を削った窓や扉がついている。3層目は7世紀後半で、洞窟の横穴を掘って部屋数をふやしている。頂上の住宅が建ち始めたのは15世紀頃で、石積みの4階、5階建て。

ガッリポリの全景と民家

ガッリポリ

イオニア海に突き出た半島の先にある小島は、紀元前８世紀頃にスパルタから来たギリシア人によって開かれ、ギリシア語で「美しい町」（カレ・ポリス）と名づけられた。島自体が要塞化して、どんなに攻め込まれても「沈まない町」ともいわれた。

人造大理石の床

この民家は、居間と寝室はトンネルヴォールトの空間を薄い壁で仕切っただけの簡素な造りである。両室とも床の材質はテラゾー（人造大理石）だが、石の破片の種類を変えているため、色調や雰囲気は違って見える。

パラッツォ・ピレッリの外観と室内

ガッリポリ

1585年にレッチェの貴族が建てたのち、持ち主は何度か替わり、1840年からピレッリ家が1階で薬局を開いている。2階の居間は40畳近い広さがあり、貴族が所有していた頃はダンスパーティーなども開かれた。現在は家族だけがくつろぐための部屋となっている。室内の豪華さに比べ、外観は石積みの外壁に漆喰を塗った質素なもの。

星型のヴォールト天井

家族専用の居間で、のびやかなヴォールト天井が美しい。形によって星型、帆型、樽型などの種類があり、この天井は星型の保存状態がよいものといえる。上はプライベートチャペル。

天井の花綱装飾

1階の薬局の天井の装飾は、「フェストーネ・フロリアーレ（花綱）」と呼ばれる。教会の天井に使われることが多く、紋様についてはギリシア時代から伝わる魔除けの一種という説もある。

パラッツオ・ポーリの外観と室内
モルフェッタ

アドリア海に面した港町で通商の拠点として栄え、サラセン帝国からトルコ水軍の侵攻まで、常に海上からの攻撃にさらされた歴史がある。城壁を巡らせた町づくりから、人口増加により16世紀には城壁外にも広がり始め、海岸線に沿って碁盤の目状に発達した。ポーリ邸は、港に近い商人の館が建ち並ぶ一等地にある。下右の部屋には、神聖ローマ帝国王妃マリア・テレジアが滞在した記録がある。右ページの部屋はレセプションルーム。

モンテ・サンタンジェロの家並みと民家

モンテ・サンタンジェロ

町は巡礼地として名高い。石造りの切妻屋根の家並みは羊飼いの住居に使われた。全体を同時に建築し、最後に一軒ずつ区切って仕上げた。1階と2階は別世帯で、玄関は1階が南、2階が北向きに統一されている。

アーチ状の梁

通りには建物を支えるアーチ状の梁があちこちで行き交う。斜面に建てられた家も多く、入口が半地下のような位置にある。外壁の白いペイントは毎年復活祭の前に塗り替えられる。

夫婦と子どもの寝室

夫婦の寝室で、結婚祝いにもらったベッドは70年前のものという。昔はこの下で鶏や豚を飼育していたため、通常のものより高さが高くなっている。左写真の上下ふたつの小部屋は子どもの寝室で、上に男の子、下に女の子が寝た。

プロチダ島の町並みと民家

プロチダ

映画『イル・ポスティーノ』の舞台となったナポリ湾に浮かぶ小さな火山島。ほぼ全世帯が漁業に従事する。海賊の侵入に備えるため町の街路は迷路のようで、斜面に建つ住居は下の家の屋上が上の家のバルコニーという具合に積み重なり、家内の上下の行き来は外階段で行っている。石畳の階段は、かつて火山噴火の折に溶岩が流れた跡をそのまま利用している。

イタリア中部

歴史が、風土が、形になった山岳都市

険しい山の地形をそのまま利用した町は「山岳都市」と呼ばれ、町の景観そのものが造形デザインの宝庫である。山上に町が開かれた理由はいくつかあり、軍事拠点として開かれた町、領主が農民を管理するために集めた町、平地を農地に使うために住居を高台に選んだ町などがある。写真の左手前はアッシジのサン・フランチェスコ聖堂。ペルージャ方面を望むと豊かな農地が広がっている。

カルカータの町並みと民家

カルカータ

巨大な岩盤に造られた小さな町。当初は領地を防衛する兵士だけが暮らしたが、要塞化した町に人が住み始めると、谷底にこぼれ落ちそうなほどの密集地帯が形成された。建物は掘り出した石を積み上げただけの簡素なものや、岩盤が侵食された洞窟をそのまま利用したものも多い。

スポレートとナルニの街路と民家

スポレート／ナルニ

両方の町とも、山岳都市としては比較的肥沃な台地に恵まれた地域にある。写真下と左はスポレートの５階建ての集合住宅の一室。ワンフロアすべてが一軒の家になっている。ここは、父親が事業に失敗して手放した家を息子が成功して買い戻したという。さまざまなスタイルの家具や調度類が並べられている。

ナルニの街路

石畳の路地は馬車が一台通れる広さが確保されている。なだらかな石段を中央部に作り、両サイドをスロープにして馬車が走れるようにしている。傾斜が緩やかなのは馬のひずめに配慮したもの。

カプラローラの町並みと民家

カプラローラ

山地の傾斜を利用して造られた町で、典型的な中世山岳都市として知られる。町の低いところには、羊飼いや農業に従事していた人たちの住まいが密集する。街路に面した家の壁面にはマリア像が祀られていた。右の居室は 14 世紀頃の建物の内部を改築して利用している。

ピティリアーノの全景と民家

ピティリアーノ

川の流れが削り取った谷間にできた台地に横たわるようにある町。台地の起伏を利用して家を建てているので、外観はデコボコしているが、町中に入ると碁盤の目のように区画されている。丘の斜面を下っていく急な坂道は石畳の階段になっており、その上に各家の入口の石段が重なっている。

狭い部屋を有効利用

人口が増えるにつれ狭い町に住居を確保するのは容易ではなかった。この家の居室は一家族8人から10人が暮らすには充分な広さではなく、居間と寝室を併用するなど、暮らしの工夫があったことがうかがえる。上の写真には居間に置かれたベッドが見える。下の写真は夫婦の寝室。

ボマルツォ全景と民家

ボマルツォ

ローマに近いので軍事上重要視され、高台からの見晴らしのよさは見張り台としての役割を果たした。紀元前にエトルリア人、次いでローマ人が住み着き、現在の町の原型を造った。頂上には城主オルシーニ家の館がある。下は比較的裕福な領主の部下が暮らした家で、白塗りの壁や天井と家具をうまく組み合わせてある。

パラッツォ・ペトランジェリ
オルヴィエート

ここはかつて「陸に浮かぶ孤島」と呼ばれたが、今では山裾に広がる新市街地が発展した。建物は11世紀に建てられ15世紀に大幅に改修された。建物の大半に使われる石はトゥーフォと呼ばれる凝灰岩で、軟らかく加工しやすく、空気にさらされて強度を増す。

アッシジの町並みと民家

アッシジ

聖フランチェスコの町として名高く、イタリア半島のほぼ中央に位置するため「イタリアの緑の心臓」とも呼ばれている。薄桃色の石灰岩で外壁を覆われた建物が密集する町並みは、太陽の光りや雨に濡れると微妙に色を変える。町の中心広場から上下に広がった町並みは、14 世紀に定められた建築基準によって造られている。庶民の建物は幅 7 m、奥行き 11 m の 2 階建てが基本で、2 階以上が住居となっている。

天井の傾斜を生かした部屋

傾斜地に建つ住まいの天井は低く、屋根裏部屋の傾斜した天井のスペースをうまく使って居間を造っており、変形の空間に現代家具がよく似合う。暖炉は防災上の理由で最上階の3階にある。部屋には絵画やアンティーク家具が上手に配されている。

シエナの町並みと郊外の農家

シエナ

中世に都市国家として栄えたシエナは、キャンティワインの産地として広く知られている。町は中心のカンポ広場から三方に広がっている。夏にはここでパリオ（町の旗）祭りが開かれ、各地区対抗の裸馬に乗った競馬が行われる。

シエナ郊外の豪農

シエナ郊外には周囲を城壁で囲った20軒ほどの農家の集落がいくつかある。覇権争いの戦乱に巻き込まれぬよう農民たちが自衛のために造ったもの。ここは豪農の住居で、各室は広く天井は高く風格がある。

カーサ・タレイ

サン・ジミニャーノ

ここは交易の拠点として発展した町で、トスカーナのあらゆる産物が扱われた。富裕な商人たちは競って「カーサ・トッレ」（塔の家）を建てた。塔は一辺が7mの四角柱で全盛期には72本あったというが、今では13本が残っている。

富の象徴の塔

タレイ邸は13世紀頃に建てられた塔の家のひとつ。高い塔を建てたが見張りなどに利用することはなく、3階までを住居に利用していた。プライベートチャペルもある。上の居間はヴォールト天井で、暖炉のすすがついて飴色に変色している。

フィレンツェの町並みとパラッツォ

フィレンツェ

フィレンツェはローマ教皇派の都市国家として成長し、14 世紀以降にメディチ家によって統治され発展した。町には今もメディチ家の紋章が見られる（下写真の建物の角）。左は壁全体にフレスコ画が描かれたパラッツォ・デッランテッラ。16 世紀後半から 17 世紀初めに建てられ、この前で騎馬試合や古代サッカーが行われた。

パラッツォ・ダヴァンツァーティ

14世紀初頭に建てられたパラッツォ（大邸宅）で、名は1578年以降の所有者ダヴァンツァーティ家にちなんでいる。家系が途絶え家財が散逸したのち、国家が買い取って修復、調度や家具も買い戻して、現在はフィレンツェ古住居博物館として公開されている。
フレスコ画が描かれた部屋が多く、壁面の上部には中世吟遊詩人の歌う恋愛詩の場面が、その下に美しい格子模様の布地が張り巡らされているようにだまし絵が描かれている。

展示品

（左上から時計回りに）家系樹と紋章の描かれた額絵。最後の審判を描いた貝殻の飾り。小祭壇に飾られた石膏の聖母子像（15世紀）。暖炉と椅子。16世紀の金庫（ヴェネツィア製らしい）。左ページ下の天蓋寝台のイルカの彫刻のあるヘッドボードとレースのカバー。花綱や獣足をあしらった16世紀アンマナーティ様式のテーブル脚。彩色された厚板で作られた赤ん坊のベッド。

イタリア北部

歴史に翻弄されたアルザス

ヴェネツィアから森と湖のアルプス南麓へ
イタリア北部は、東西に走るアルプス山脈の南側に位置し、フランス、スイス、オーストリアと国境を接している。アオスタ地方は、モンブラン・トンネルの開通によって観光地に。南部にはミラノ、ヴェネツィアといった中世都市が発展し、商工業の中心地となっている。写真はヴェネツィアのサン・ジョルジュ・マジョーレ島からサン・マルコ広場を望む。

キオッジャの町並みと民家

キオッジャ

イタリアで3本の指に入る漁港。ヴェネツィアの台所とも呼ばれている。居住区は2本の運河に挟まれていて、多くは14〜15世紀に建てられた。赤い外壁は石灰にレンガの粉末を混ぜて塗装したもの。この近辺では室内の床はテラゾー（人造大理石）を使うのが一般的。

ヴェネツィアの町並み

ヴェネツィア

100を超える運河と400を超える橋。町は海の潟に打ち込まれた杭の上に建設された。現在のように世界貿易の中心になるとは、当初は誰も予想しなかった。上右は運河に架かる「溜息の橋」で、右手の牢獄に通じる橋を渡るとこの世に戻って来られないといわれた。

ヴェネツィアの橋

下を船が通るために中央部が高く、両側が階段になっている。石橋が一般的だが、木造や鋳鉄製もあり、道との関係で複雑な形になることもある。左写真は12世紀に建てられた貴族のカーサ（家・邸宅）。海洋貿易を営む事業家だったためオフィスを兼ね、大運河に面して建てられた。

ドゥカーレ広場と民家

ヴィジェーヴァノ

ミラノの衛星都市的な町で、広場はルネサンス期の最も美しい広場のひとつとされる。三方をポルティコ（列柱廊）のある建物で囲み、古い城館を隠したのはレオナルド・ダ・ヴィンチによるといわれる。右の写真はビッフィニャンディ家の建物。

室内はさまざまな様式

左下の部屋は居室とサンルームを扁平アーチと柱のスクリーンで仕切っている。建物全体の基調は古典主義的だが折衷的で、アールヌーボー風のステンドグラスのシャンデリアや19世紀的な花柄の壁紙、ウィーン・ゼツェッション風の雰囲気があるダイニングなど、様式はさまざま。

アラメンゴの家並みと民家

アラメンゴ

トリノの北の四方を山に囲まれた谷にある集落で、かつては罪人の収容所であった。現在は、絵画の修復家などがアトリエを構える静かな山里といった感じの村。建物は石積みの外壁にモルタルを塗ったもので、柱や梁は牢屋に使った廃材のリサイクルが中心になっている。

天井に施されたレリーフ

この地域の建物の特徴は、天井に石膏を使って形作られた紋様が描かれていること。天使、太陽、角などがモチーフとなっている。これらはジェッシと呼ばれ、石膏細工の装飾がされた家と表現されている。室内は壁が厚く、窓は小さく、天井は低くて閉鎖的であるが、木の床や木の梁と白い壁の対比が美しく、温かみのある空間といえる。

カーサ・ディ・マルティネット
アオスタ

アルプスの高峰を控える標高 1000 mを超える山間部にある集落。16 世紀に建てられたマルティネット邸の室内にはルイ 15 世様式の家具や、隠し扉の細工などが見られる。床の寄せ木細工にはカラマツ材が使われ、東向きの部屋は太陽、西向きの部屋は月のデザインになっている。

アラーニャ・ヴァルセジアの民家

アラーニャ・ヴァルセジア

村はモンテ・ローザ（4637 m）山麓にあって、スイスの遊牧民によって開かれ、山岳リゾートとして発展。集落の中心には水飲み場とパン焼き小屋があり、カラマツの丸太を組み上げるのは住人たちの共同作業。1階は家畜小屋と台所、2階に寝室と居間があり、3階は食料貯蔵倉庫。

民族の思惑が交錯する地中海の要衝

地中海に浮かぶ最大の島。ギリシア語で「トリナクリア」（三角形）とも呼ばれている。地中海の覇権を狙ったヨーロッパ諸国とヨーロッパ侵攻の足場と考えたアラブが、互いに争奪戦を繰り返した。ゲーテが「レモンの花咲く国、オレンジが黄金色に輝く国」と書いたように、シチリアの原点は柑橘類を生産する農村に残されている。写真は山の斜面に積み上げられたようなカラシベッタ村。麓にはシチリアの農村風景が広がる。

レガレアリの農場

レガレアリ

島中央部の山岳地帯にある村。羊を飼い、麦を生産する大農場の暮らしが残されている。1850 年に建てられた農場主の住まいでは、ワインの生産も行う。羊小屋が併設され、中庭を中心に四角い回廊状の建物になっている。化粧屋根と屋根梁を支えるアーチ状の構造壁をそのまま見せた室内は広々としている。

チェファルーの町並み

チェファルー

ティレニア海に突き出した小高い岬にある漁村。岩山の麓にノルマン様式のカテドラルがあり、海側に下るなだらかな斜面に放射状に民家が集中している。左は町の中心部にある中世の洗濯場。岩をくり抜いてつくったもので、アラブの影響が色濃く残っている。

パッティの商人の館

パッティ

シチリアとナポリを結ぶ定期航路の拠点ミラッツォ。周辺には地中海貿易で富を得た商人たちの館が数多く残る。1850年代に建てられた館は、バルコニー付きのファサードがモダンな建物。室内の装飾品はヨーロッパ各地から集められたもの。右奥写真の壁の細い柱はフレスコ画によるトロンプルイユ（だまし絵）である。

ヨーロッパの素敵(すてき)な家(いえ)

フランス・スペイン・イタリア

2015年11月5日　第1刷発行

著　者　和田(わだ) 久士(ひさし)

発行者　鈴木 哲

発行所　株式会社 講談社
〒112-8001
東京都文京区音羽2-12-21

販　売　TEL 03-5395-3606

業　務　TEL 03-5395-3615

編　集　株式会社 講談社エディトリアル
代表　田村 仁
〒112-0013
東京都文京区音羽1-17-18
護国寺SIAビル
TEL 03-5319-2171

印刷所　大日本印刷株式会社

製本所　大口製本印刷株式会社

CREDIT

写真：和田 久士

執筆：中村 聡樹

デザイン・装丁：ハタグラム（秦 浩司　佐久間 奏）

N.D.C.523 207p 15cm

ISBN978-4-06-219820-2